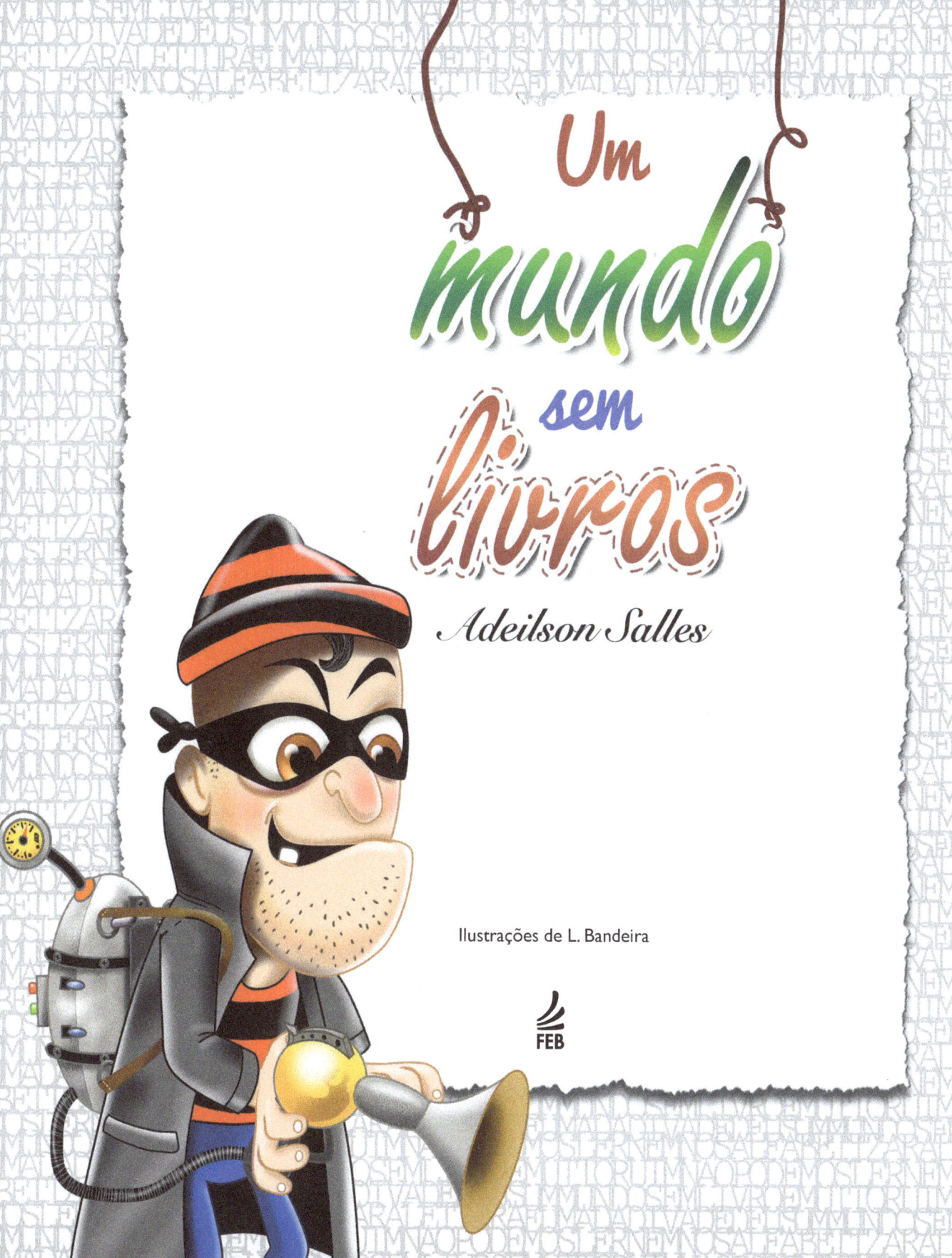

Um mundo sem livros

Adeilson Salles

Ilustrações de L. Bandeira

FEB

Copyright © 2009 by
FEDERAÇÃO ESPÍRITA BRASILEIRA – FEB

1ª edição – Impressão pequenas tiragens – 10/2022

ISBN 978-85-7328-632-8

Todos os direitos reservados. Nenhuma parte desta publicação pode ser reproduzida, armazenada ou transmitida, total ou parcialmente, por quaisquer métodos ou processos, sem autorização do detentor do *copyright*.

FEDERAÇÃO ESPÍRITA BRASILEIRA – FEB
SGAN 603 – Conjunto F – Avenida L2 Norte
70830-106 – Brasília (DF) – Brasil
www.febeditora.com.br
editorial@febnet.org.br
+55 61 2101 6161

Pedidos de livros à FEB
Comercial
Tel.: (61) 2101 6161 – comercial@febnet.org.br

Dados Internacionais de Catalogação na Publicação (CIP)
(Federação Espírita Brasileira – Biblioteca de Obras Raras)

S168m	Salles, Adeilson Silva, 1959-
	Um mundo sem livros / Adeilson Silva Salles; [ilustrações Lourival Bandeira de Melo Neto]. 1. ed. – Impressão pequenas tiragens – Brasília: FEB, 2022.
	48 p.; il. color.; 25 cm
	ISBN 978-85-7328-632-8
	1. Literatura infantojuvenil brasileira. II. Melo Neto, Lourival Bandeira de. II. Federação Espírita Brasileira. III. Título
	CDD 028.5
	CDU 087.5
	CDE 81.00.00

www.febeditora.com.br

/febeditora /febeditoraoficial /febeditora

Conselho Editorial:
Jorge Godinho Barreto Nery - Presidente
Geraldo Campetti Sobrinho - Coord. Editorial
Cirne Ferreira de Araújo
Evandro Noleto Bezerra
Maria de Lourdes Pereira de Oliveira
Marta Antunes de Oliveira de Moura
Miriam Lúcia Herrera Masotti Dusi

Produção Editorial:
Elizabete de Jesus Moreira

Revisão:
Elizabete de Jesus Moreira
Paola Martins da Silva

Ilustrações, Capa e Projeto Gráfico:
L. Bandeira

Diagramação:
Bruno Reis Souza
Isis F. de Albuquerque Cavalcante

Normalização Técnica:
Biblioteca de Obras Raras e Documentos Patrimoniais do Livro

Esta edição foi impressa no sistema de Impressão pequenas tiragens, todos em formato fechado de 200 x 250 mm. Os papéis utilizados foram o Offset 90 g/m² para o miolo e o Cartão 250 g/m² para a capa. O texto principal foi composto em fonte Quicksand 18 e os títulos em Freestyle Script 70/120. Impresso no Brasil. *Presita en Brazilo*

Para todos os que enchem o mundo de livros e as crianças de sonhos e sorrisos, em especial, para todos os professores.

Alfabetinho

Esta é a super-história de um menino com superpoderes que irão te surpreender.

Tudo começou quando...

— Alfabetinho, apague essa luz, menino! Você fica lendo até tarde! Será possível?

Dona Abecedária reclamava com Alfabetinho todas as noites, pois o filho não largava os livros. Como todo menino, ele também adorava jogar bola e brincar com o videogame, mas Alfabetinho gostava mesmo era de ler.

E toda noite era a mesma coisa: ora falava dona Abecedária, ora falava seu Vogal, o pai do Alfabetinho.

Alfabetinho tentava se explicar:

— Mas, pai, logo agora que estou terminando o livro, vou ter que apagar a luz?

— Deixe de conversa e vá dormir, menino, já é tarde. Amanhã você lerá mais.

Alfabetinho apagou a luz, aborrecido e pensativo: "Logo agora que o super-herói prenderia o bandido...".

Contrariado, ele fechou os olhos e...

O sinal da escola soou alto, era hora do recreio, a turma saiu na maior correria. Alfabetinho pegou seu pacote de biscoito recheado em forma de letrinhas e foi para o pátio da escola.

Ali no pátio, enquanto mordia uma letrinha de chocolate, resolveu ir à biblioteca.

Chegando à porta, assustou-se com a cena que viu, perguntando para si mesmo:

— Por todos os pontos e vírgulas, o que é isso?

Um homem e uma mulher muito esquisitos e usando máscaras retiravam os livros das prateleiras da biblioteca e, com uma máquina estranha nas mãos, folheavam rapidamente os livros, aspirando de dentro deles todos os espaços entre as palavras, acentos, pontos e vírgulas.

A máquina estranha que usavam era um aspirador ortográfico.

No canto, toda encolhida, a bibliotecária Maria da Acentuação chorava assustada.

O casal ria e o homem esquisito falava bem alto:

— Aspirar! Aspirar! Vamos aspirar os espaços entre as palavras, os acentos também, sumir com as vírgulas e pontos. Hahahahaha! Todasaspalavrasbemjuntinhas, sem acentos, frases sem pontuação. Os livros perderão o sentido... Ninguém vai entender nada... As histórias ficarão sem graça.

E, olhando para a comparsa, indagou:

— Não é verdade, Ana Fabeta?

E ela, passando o aspirador ortográfico nos livros, ria muito, dizendo:

— É verdade, João Apagador, vamos acabar com esse negócio de livros. Quanto menos leitores no mundo, mais pessoas sem conhecimento existirão.

E, fazendo coro, os dois afirmavam:

— Abaixo a leitura! Abaixo a leitura!

Alfabetinho, assustado, pisando bem de mansinho, tentou bater em retirada, mas, no momento em que se virou, esbarrou em um livro, derrubando-o no chão.

Os dois malfeitores viram o menino e rapidamente o seguraram com força.

— Quieto, garoto! O que você veio fazer aqui?

— Eu... Eu...

— Fale logo!

— Eu vim à biblioteca pegar um livro emprestado para levar para minha casa. Eu adoro ler.

Uma terrível gargalhada ecoou pela biblioteca:

— Ha ha ha ha ha! Adora ler, não é?

E, olhando para Ana Fabeta, o ladrão de acentos debochou:

— Veja só, Ana Fabeta: um leitor mirim!

— Vamos passar a borracha nele e sumir com esse leitor metido! – ameaçou a malvada mulher.

João Apagador empurrou Alfabetinho para junto de Maria da Acentuação e os dois se abraçaram, com muito medo.

Instantes depois:

— Pronto, terminamos o serviço nessa biblioteca! Os livros não têm mais pontos, vírgulas, acentos e nem espaços entre as palavras – comemorou João Apagador.

— E agora? O que vamos fazer com estes intrometidos? – perguntou Ana Fabeta.

João Apagador deu a terrível sentença:

— Vamos mandá-los para o Mundo sem Livros.

Alfabetinho e Maria da Acentuação tremeram só de imaginar que lugar seria esse.

Rindo muito, Ana Fabeta pegou um giz mágico, luminoso, e desenhou uma porta na parede, pegou na maçaneta e abriu. João Apagador segurou Alfabetinho e Maria da Acentuação pelo braço e empurrou os dois porta adentro. Ouviu-se apenas o grito de ambos, que, de mãos dadas, pareciam estar numa queda sem-fim, caindo, caindo, caindo...

Os dois malfeitores partiram para aspirar os espaços, acentos, pontos e vírgulas dos livros de outra biblioteca.

Na parede, não ficou nenhum sinal da porta aberta por Ana Fabeta. O giz era mágico mesmo.

O Mundo sem Livros

Maria da Acentuação e Alfabetinho sentiram-se estranhos, caindo suavemente no gramado de uma praça muito grande e arborizada. Os dois se abraçaram e ficaram olhando para as coisas à sua volta.

Surpresos, viram crianças brincando, correndo de um lado para o outro; eram muitas crianças, muitas mesmo.

Desconfiados, os dois começaram a caminhar pela praça. Maria da Acentuação era muito observadora e, apontando para a placa em que deveria estar o nome da praça, disse a Alfabetinho:

— Vamos ver o nome dessa praça?

— Claro, assim poderemos ter uma pista de que lugar é esse!

Eles se aproximaram da placa e ficaram surpresos. Olharam uma vez, olharam outra vez, mas não havia nadinha escrito na tal placa.

Caminharam até uma rua próxima para ver o nome da rua e nada; na placa onde deveria estar o nome da rua também não havia nada.

Retornaram à praça e perguntaram a um menino:

— Como chamam essa praça?

— Praça – o menino respondeu.

— Como você se chama?

— Menino, ora essa!

— Menino?! – Alfabetinho, indagou, admirado.

— Claro, chamam-me de menino.

Inconformada, Maria da Acentuação perguntou:

— Só te chamam de menino?

— É.

— Você tem irmãos?

— Tenho uma irmã.

— E como ela se chama?

— Menina, ora essa! Aqui todos os meninos se chamam meninos, e todas as meninas se chamam meninas. E quando crescermos nos chamarão de homens e mulheres.

— Você não gostaria de ter um nome só seu? – perguntou Alfabetinho.

— Como assim? O que é ter um nome?

— Meu nome é Alfabetinho e por ele sou chamado. O nome dela é Maria da Acentuação.

Surpreso, o menino sorriu.

— E eu posso ter um nome que não seja menino?

— Claro que sim! – Maria da Acentuação esclareceu.

— Que tal ser chamado de Monteiro Lobato? – sugeriu Alfabetinho.

— Monteiro Lobato? – repetiu o menino, surpreso.

— Sim, Monteiro Lobato não é bonito?

A resposta foi uma doce gargalhada do menino Monteiro Lobato, que disse:

— É bonito falar Mon-tei-ro Lo-ba-to: a boca fica cheia quando a gente fala.

— Agora, leve-nos a uma biblioteca – pediu Maria da Acentuação.

— O que é isso? Bibli, biblio... O quê?

— É o lugar onde ficam muitos livros – insistiu Alfabetinho.

— Livros, o que são livros?

— Livros são... Deixa para lá – afirmou Alfabetinho, desanimado, sentando-se em um banco – O que vamos fazer?

— Precisamos voltar para casa, mas como? – lamentou Maria da Acentuação.

— Monteiro Lobato, onde fica a sua escola?

— O que é escola?

— Escola é um lugar onde estudamos e também fazemos amigos — explicou Alfabetinho.

— Aqui a gente só brinca o dia inteiro, e às vezes até enjoa de tanto brincar, brincar e brincar. Quando cansamos, vamos para casa dormir. E quando acordamos, voltamos a brincar. Nós fazemos amigos na praça mesmo – esclareceu Monteiro Lobato.

— Seus pais fazem o quê?

— Brincam brincadeira de gente grande.

— Qual o nome da sua rua?

— Rua.

— Sua rua se chama rua? E as pessoas não se perdem, tendo todas as ruas com o nome de rua?

— Não, porque cada uma conhece a sua própria rua.

Alfabetinho, surpreso com as respostas, perguntou mais uma vez:

— Como as pessoas recebem cartas aqui?

— O que é carta? – Monteiro Lobato coçou a cabeça, já ficando sem graça.

— Quando estamos com saudades de alguém que está longe de nós e queremos nos comunicar com essa pessoa, nós enviamos cartas pelos Correios.

— Correios ou correndo? Não entendi mesmo!

Uma menina se aproxima e vem gritando:

— Menino, menino, vamos para casa!

— Essa é a menina, minha irmã! – apresentou Monteiro Lobato.

Aquele Mundo sem Livros era muito estranho, não tinha a menor graça. As pessoas não tinham nome, aliás, nada tinha nome. Não existiam livros, era um mundo muito triste, não existia imaginação, era sempre uma "mesmice".

Alfabetinho olhou para Maria da Acentuação e sugeriu todo animado:

— Já sei, vamos contar uma história pra eles?

— Que ótima ideia, Alfabetinho! Quem sabe não conseguimos despertar a imaginação deles! Este Mundo sem Livros é mesmo muito sem graça. As pessoas são tristes, não sonham, não existem histórias para as crianças nem para os adultos.

Desconfiada, e sem entender nadinha, a menina chamou o irmão para ir embora:

— Vamos, menino, vamos logo embora!

— Calma, eu agora tenho nome, sou Monteiro Lobato!

— O que foi que disse?

— Disse que agora tenho nome, pode me chamar de Monteiro Lobato. Eles me deram esse nome e eu não dou para ninguém e nem...

— Menina – interrompeu Alfabetinho –, você não quer ter um nome também?

— Eu posso ter um nome?

— Claro que sim! Todos têm um nome, o meu é Alfabetinho, o dela é Maria da Acentuação.

— E qual vai ser o meu nome?

Maria da Acentuação pensou, pensou e sugeriu:

— Carolina!

Alfabetinho sorriu, ouvindo a bonita sugestão dada.

— Que bonito falar assim: Ca-ro-li-na – repetiu a menina.

— Agora vou contar uma história para vocês – decidiu Alfabetinho.

E todos se sentaram no gramado da praça.

Alfabetinho, que sabia muitas histórias porque lia bastante, contou e encantou. Os olhos de Carolina e de Monteiro Lobato brilhavam. Eles imaginavam a história contada!

Aos poucos, outras crianças chegaram e mais outras crianças, outras e outras...

Os personagens das histórias contadas tinham nome, e logo as crianças queriam ter um nome também. Todas foram recebendo nomes: Ritinha, Luísa, Alice, João, Daniel, José e tantos outros. Formou-se até fila para que as crianças ganhassem nomes!

O Mundo sem Livros foi mudando, mudando, mudando...

As palavras foram dando nomes às coisas, e a praça sem nome passou a ser chamada de Praça de Todos os Nomes, pois ali todas as coisas ganharam nomes.

E as ruas passaram a ter nomes, os bairros também. Agora existia a Vila Esperança e o Bairro da Poesia, a Rua da Trova, a Travessa da Rima, o Bairro da Literatura que tinha a Avenida do Conto e a Praça da Fábula.

Os adultos que tinham coragem de sorrir e sonhar também queriam ter nomes, e mais nomes foram dados, cada um com o seu, de Paulinho a Irineu, de Marina a Catarina.

Alfabetinho, junto com Maria da Acentuação, começou a ensinar as crianças a ler e a escrever. Monteiro Lobato aprendeu a ler e escrever e a menina Carolina também. Ruth, Raquel, Cecília e Carlos, e outros e mais outros, todos lendo e escrevendo.

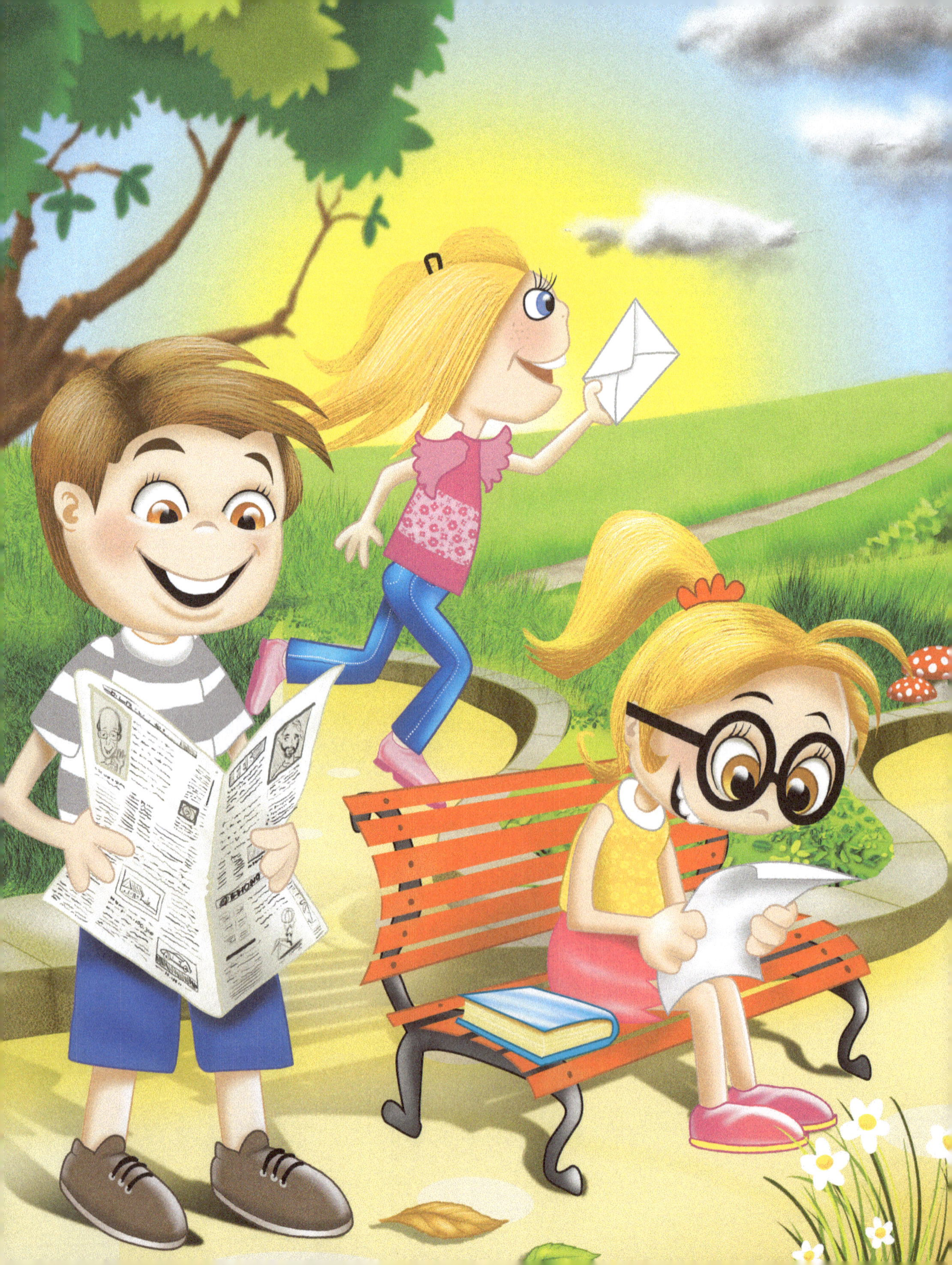

E cartas foram escritas: de amor, de partida e de chegada, de boas notícias e outras nem tanto, cartões de Natal e de aniversário, convites de casamento.

Os jornais surgiram, dando notícias aos homens do que outros homens faziam. Os livros apareceram, livros finos ou grossos, coloridos ou em preto e branco, com figuras e letras. Livros que semeavam a paz e o amor. Livros que falavam de Deus e de seu amor pelos homens. Livros que educavam e faziam o homem crescer. Livros que ensinavam aos homens a necessidade do amor. A vida ficou mais alegre com os livros.

E mesmo aqueles que não gostavam das novidades, logo se juntaram aos outros, pois ninguém resistia a uma boa história. As crianças, agora, faziam até palavras cruzadas e disputavam campeonatos.

Até as roupas tinham letras! Camisetas com letras enormes e pequenas: AZÃO e azinho, BEZÃO e bezinho, CEZÃO e cezinho.

O tempo foi passando, passando, passando...

BAIRRO DA LITERATURA

Av. do Conto   Praça da Fábula

NÃO PISE NA GRAMA

O retorno

Até que um dia, sem mais nem menos, sem ninguém esperar, dois conhecidos personagens apareceram: João Apagador e Ana Fabeta.

Apareceram e se surpreenderam, pois viram o Mundo sem Livros transformado em um mundo feliz. As crianças, com nomes e com livros nas mãos, assustaram os dois. Não havia mais analfabetos!

Alfabetinho, cheio de coragem, perguntou a João Apagador:

— Por que você passou o aspirador ortográfico nos livros da biblioteca da minha escola?

João Apagador teve que responder:

— Meu plano era acabar com todos os livros do mundo. Queria que ninguém soubesse ler; eu não suporto as palavras, não gosto de letras.

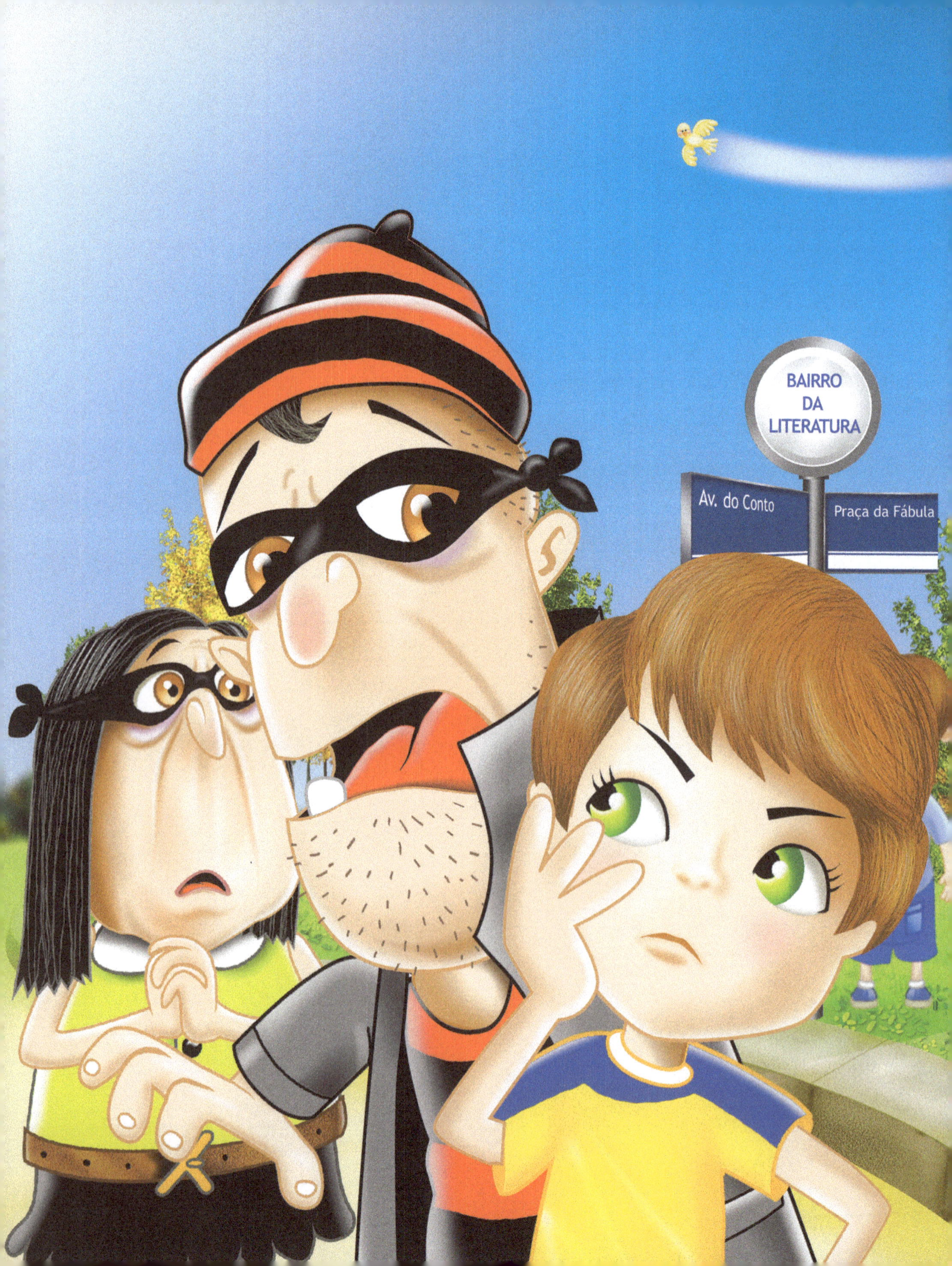
BAIRRO
DA
LITERATURA
Av. do Conto
Praça da Fábula

— Mas por que você queria isso? – insistiu Alfabetinho.

— Porque somente eu posso ter poderes! Todos os poderes! Ora, quem sabe ler tem muitos poderes. Quem lê aprende, fala e escreve bonito, passeia no mundo dos livros por meio da imaginação. Visita os castelos, os príncipes e as princesas das histórias. Descobre a mágica da leitura e conhece outros lugares.

— Além disso, não existiriam mais livrinhos de palavras cruzadas, nós não gostamos de palavras cruzadas – completou Ana Fabeta.

Resmungando, aborrecido, João Apagador continuou:

— Ensinando as crianças a ler, vocês acabaram com os nossos planos. Quando começaram a contar histórias, de onde nós estávamos, perdemos os nossos poderes. O aspirador emperrou e não aspirou nem mais um pontinho. Que estrago! Todos os livros que conseguimos passar o aspirador ortográfico voltaram à sua forma normal. No Mundo sem Livros as crianças ganharam nomes e começaram a sonhar. Agora, a imaginação infantil está de volta. E o pior, as crianças estão até fazendo palavras cruzadas.

— Felizmente, o Mundo sem Livros não existe mais e todos sabem ler – afirmou Maria da Acentuação –, Vocês devem desistir de passar o aspirador ortográfico; o mundo ficará triste sem livros.

Era uma vez...

Os dois malfeitores literários se revoltaram e quiseram arrumar confusão. Alfabetinho, percebendo o perigo da situação, disse bem alto as palavras mágicas: ERA UMA VEZ...

João Apagador e Ana Fabeta tamparam os ouvidos, pois sabiam que essas palavras tinham um poder muito especial. Logo as crianças fizeram uma roda em torno deles e gritaram: ERA UMA VEZ, ERA UMA VEZ...

Aproveitando a situação, Alfabetinho contou uma história de rei e rainha. João Apagador e Ana Fabeta ouviam contra a vontade, mas, aos poucos, foram se interessando, imaginando e sonhando. Sem perceberem, entraram no mundo encantado dos livros e das histórias... E acabaram se interessando por livros e histórias que falavam da importância do amor e da fraternidade entre os homens. Agora, eles sabiam que os livros ajudam as pessoas a serem melhores e mais felizes.

Dias depois, os dois foram vistos fazendo palavras cruzadas e tomando sopa de letrinhas.

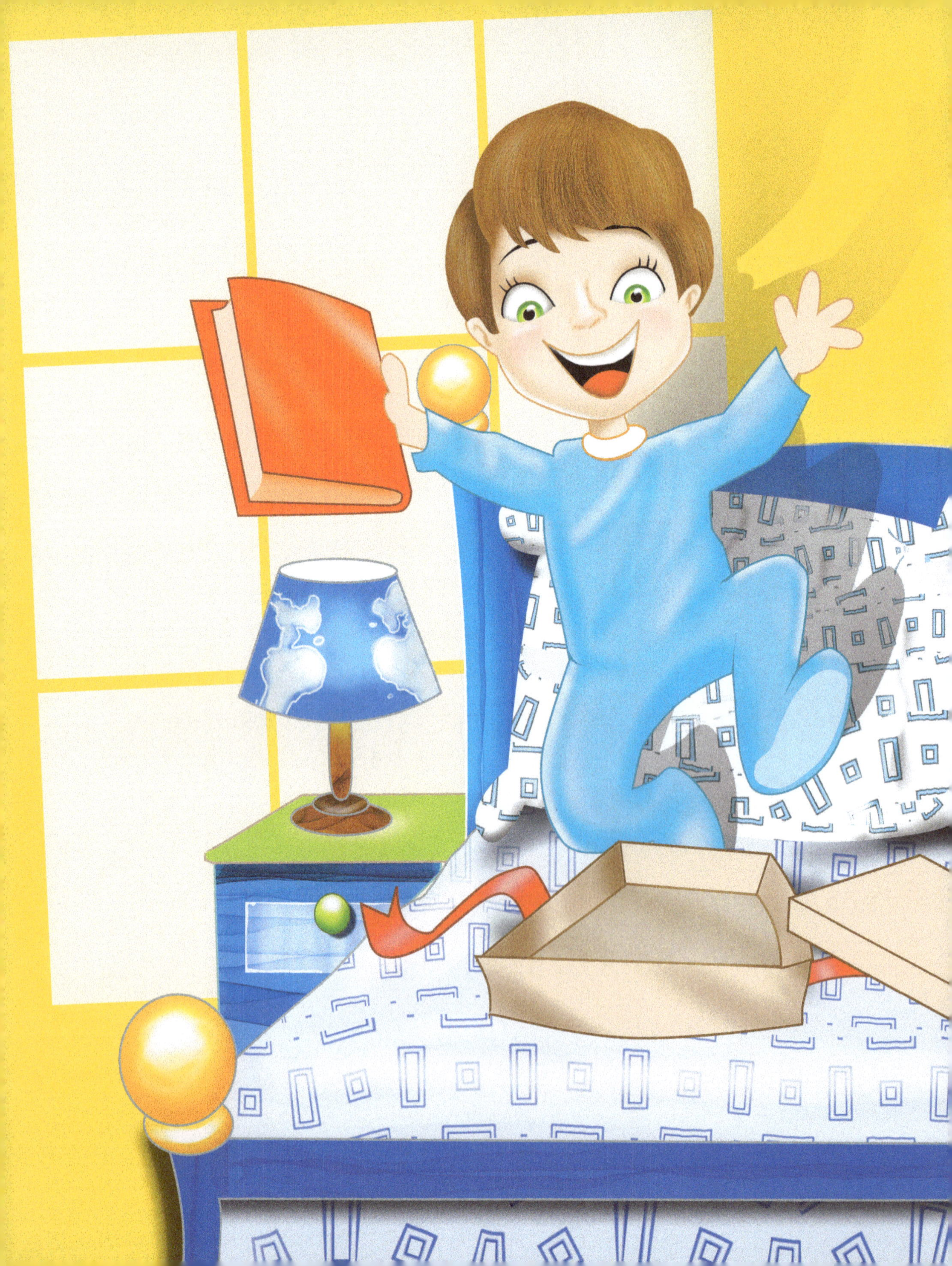

Nova manhã

Pela manhã, a mãe de Alfabetinho abre a janela do quarto, o Sol clareia o ambiente e ele acorda.

Dona Abecedária beija-o com carinho.

Ele puxa o lençol azul cheio de letrinhas coloridas e diz para sua mãe:

— Mãe, tive um sonho incrível! Sonhei com um mundo sem livros e sem graça nenhuma.

Ela sorri e aproxima-se da cama com um presente.

De um pulo só, Alfabetinho se levanta.

Dona Abecedária entrega o pacote, ele abre e fala todo contente:

— Oooooba! Um livro novo!

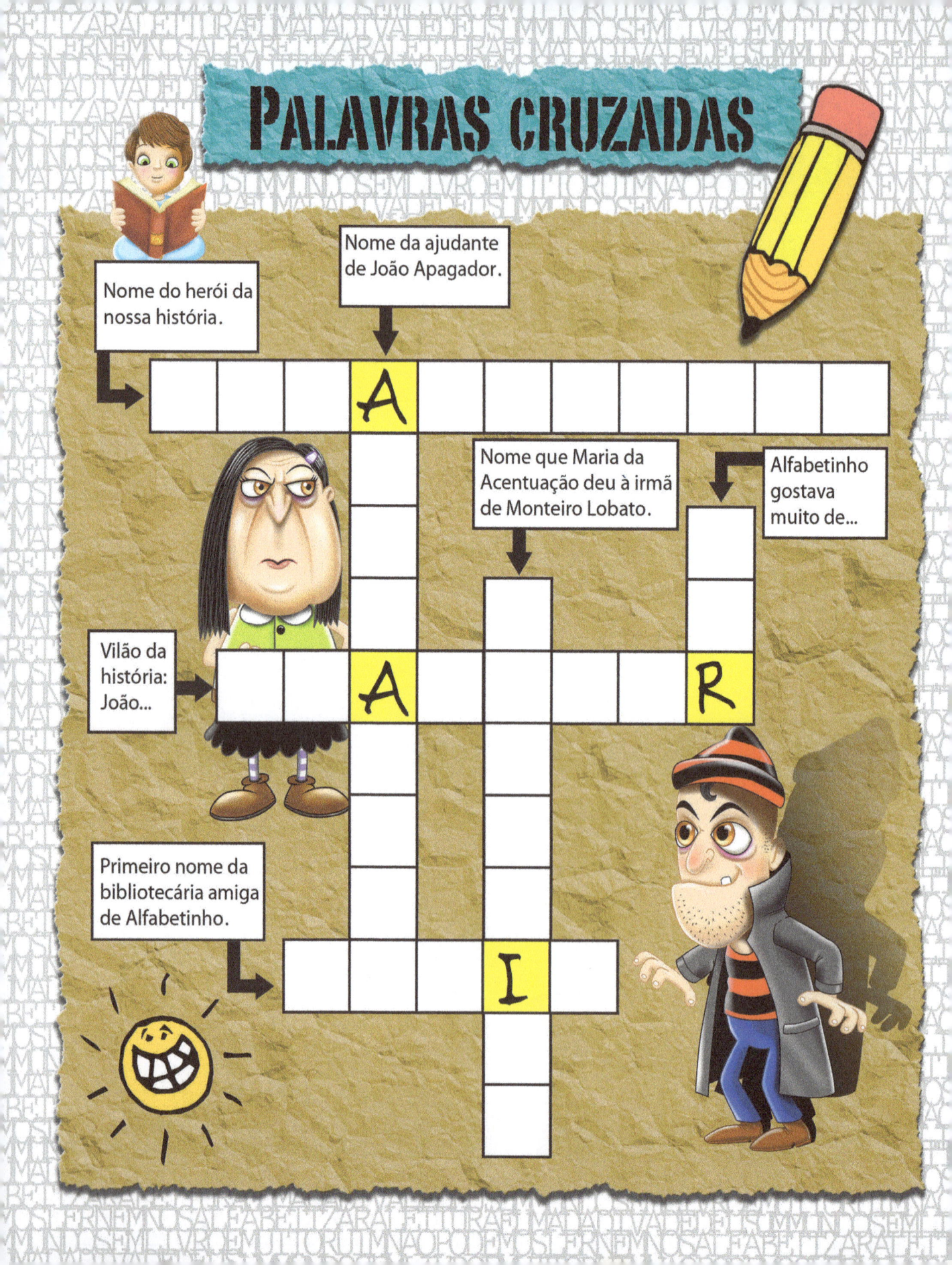

Palavras Cruzadas

- Nome do herói da nossa história.
- Nome da ajudante de João Apagador.
- Nome que Maria da Acentuação deu à irmã de Monteiro Lobato.
- Alfabetinho gostava muito de...
- Vilão da história: João...
- Primeiro nome da bibliotecária amiga de Alfabetinho.